So einfach spielst du bambinoLÜK:

Öffne das bambinoLÜK-Lösungsgerät und lege es auf dein aufgeschlagenes bambinoLÜK-Heft. Lege die sechs Plättchen mit den Symbolen nach oben auf die Aufgaben mit den gleichen Symbolen, also das Plättchen mit dem roten Symbol Haus auf die Aufgabe mit dem roten Symbol Haus oben links in der Ecke. Wenn alle Plättchen auf den Aufgaben liegen, nimmst du das Plättchen mit dem Symbol Haus und siehst dir die Aufgabe an, auf der das Plättchen lag.
Welches Bild auf der unteren Seite passt wohl dazu? Lege das Plättchen auf dieses passende Bild.
Mach es ebenso mit den anderen fünf Plättchen und Aufgaben.
Schließe dann das bambinoLÜK-Lösungsgerät und drehe es nach oben um.
Jetzt siehst du das bei der Übung abgebildete Lösungsmuster.

Die Spielanleitung

Autor: Michael Junga, Illustrationen: Frank Bayer, Duisburg
Druck und Verarbeitung: westermann druck GmbH, Braunschweig

Georg-Westermann-Allee 66, 38104 Braunschweig, service@westermann.de
6. Auflage 2025 ISBN 978-3-8377-**7676**-8

1 Finde das gleiche Tier!

2 Finde das Tier mit diesem Kopf!

3 Zu welchem Tier gehört der Ausschnitt?

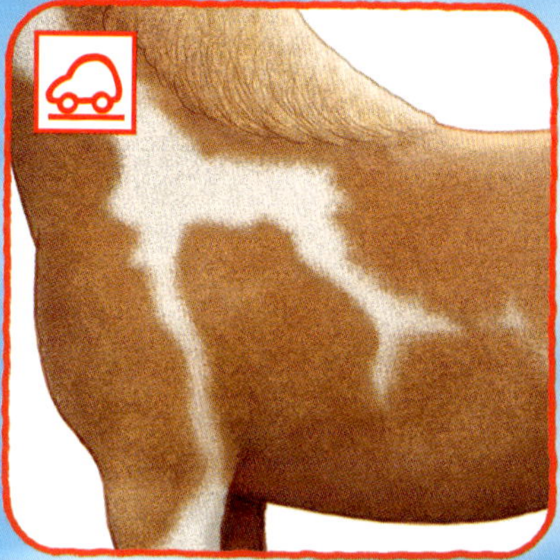

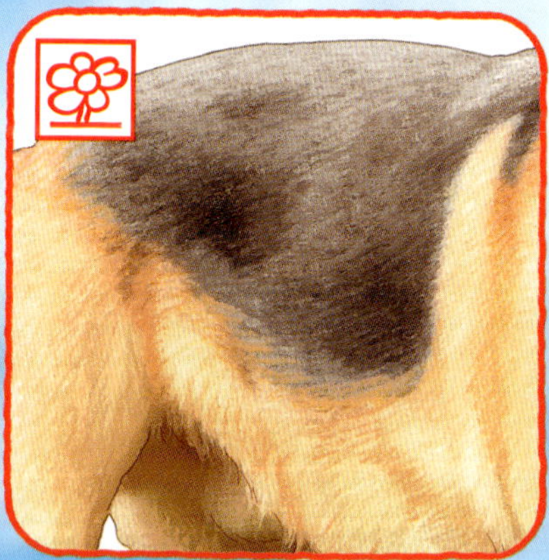

4 Wo ist das gleiche Tier?

5 Weißt du, wo das Tier wohnt?

6 Was frisst das Tier sehr gern?

7 Wer hat diese Spur gemacht?

8 Fell oder Federn? Ordne zu!

g Tierkinder und ihre Eltern. Wer gehört zu wem?

10 Nachts sind alle Katzen grau? Finde dasselbe Tier!

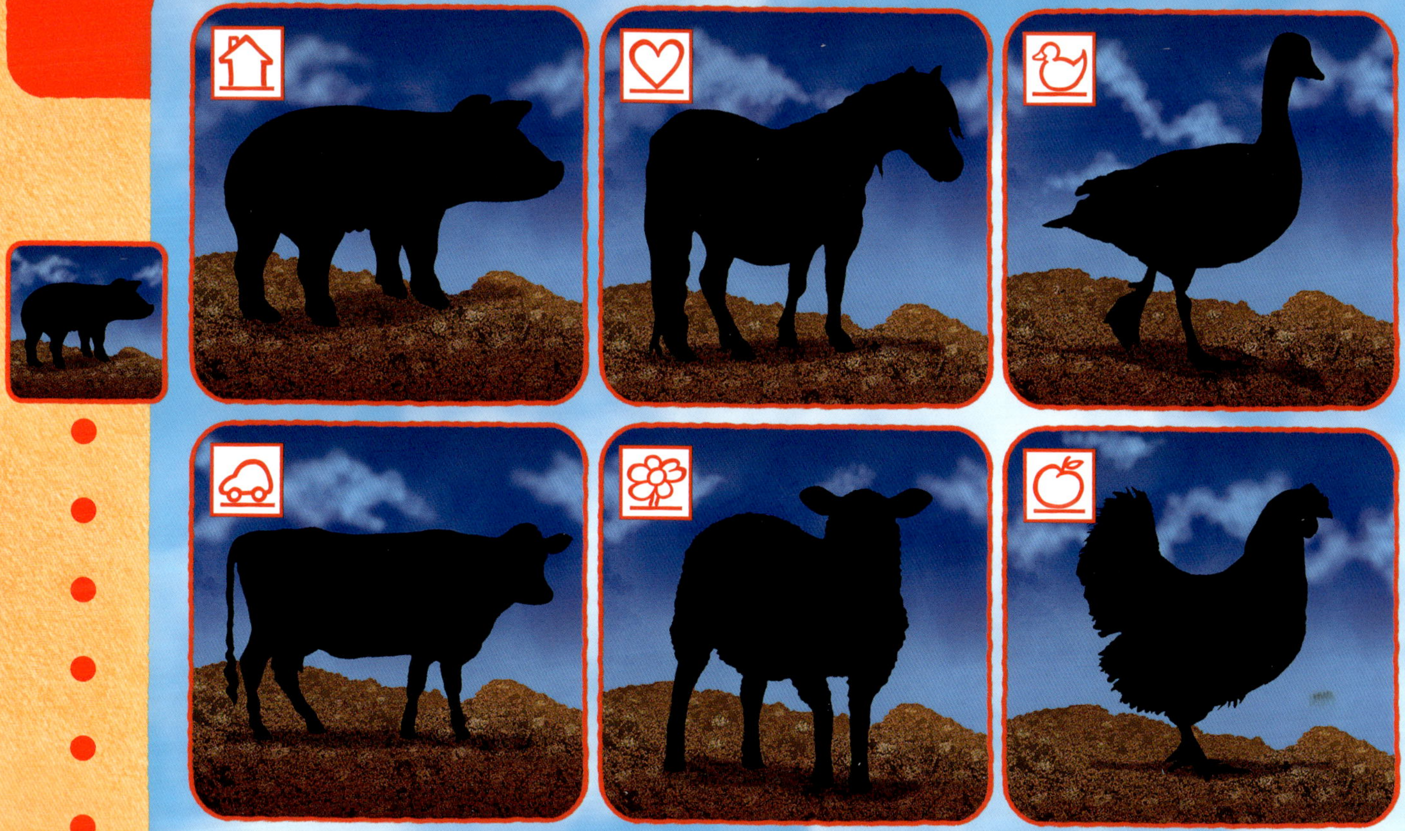

11 Wo verstecken sich die Tiere?

Inhalt

1 Finde das gleiche Tier!
2 Finde das Tier mit diesem Kopf!
3 Zu welchem Tier gehört der Ausschnitt?
4 Wo ist das gleiche Tier?
5 Weißt du, wo das Tier wohnt?
6 Was frisst das Tier sehr gern?
7 Wer hat diese Spur gemacht?
8 Fell oder Federn? Ordne zu!
9 Tierkinder und ihre Eltern. Wer gehört zu wem?
10 Nachts sind alle Katzen grau? Finde dasselbe Tier!
11 Wo verstecken sich die Tiere?